Fruit Infused Water:

Vitalisierende Rezepte für leckeres Wasser mit Früchten, Gemüse und Kräutern. Gesund und Vitalisierend

Lisa Virse

Inhaltsverzeichnis:

Vorwort:

Wasser mit Geschmack gibt es wahrscheinlich schon so lange wie es Menschen gibt. Selbst als unsere Vorfahren Kokosnuss- und Kürbisschalen noch als Trinkgefäße benutzt haben, haben Sie bereits die Aromen der Früchte als Zusätze zum Wasser zu schätzen gewusst.

Johannisbeer-Minze, Himbeer-Limette, Gurke-Orange. Ich spreche nicht von brandneuen Limonaden-Kreationen oder irgendwelchen neuen Smoothies, sondern von Infused Water, ins Deutsche übersetzt: „Aufgegossenes Wasser“.

Infused Water kurz erklärt

Den Begriff „Infused Water“ finden wir, insbesondere im Sommer, in zahlreichen Frauenzeitschriften und Ratgebern. Es scheint sich zur Zeit um einen Modebegriff zu handeln, dabei geht es eigentlich nur um frisches Wasser, welches mit Hilfe diverser natürlicher Aromen geschmacklich verfeinert wurde. Dabei sollte als Ergebnis natürlich nicht ein Saft oder gar ein Softdrink herauskommen, sondern das Wasser soll vielmehr lediglich eine leichte Geschmacksnote erhalten. Ein kleiner, aber feiner Unterschied: Das Wassertrinken fällt vielen Menschen dadurch wesentlich leichter und sie verzichten auf kalorienhaltige Limos oder Säfte.

Dabei ist diese Idee bei Weitem nicht neu: Seit Jahrzehnten hält der Handel unterschiedliche Getränke mit entsprechenden Zusätzen aller Art vor. Der Nachteil: Sie sind meist erheblich teurer als herkömmliches Mineralwasser und darüber hinaus oft auch mit künstlichen Aromen und Zusatzstoffen angereichert.

Beim Infused Water jedoch schlägt man einen anderen Weg ein. Hier werden nämlich ausnahmslos natürliche Geschmacksträger in Wasser eingelegt und geben dadurch einen leichten Geschmack ab. Das Wasser, das nach einer gewissen Zeit einiges an Aromen aufgenommen hat, kann dann bedenkenlos und ohne schlechtes Gewissen getrunken werden.

Hauptsächlich wird Infused Water mit Obst hergestellt. Insbesondere Apfelsinen und Zitronen, aber auch Äpfel sind die beliebtesten Sorten. Aber auch mit Gemüse kann man leckere Getränke zubereiten. Besonders geeignet ist die Gurke, aber auch Kräuter eignen sich hervorragend, ein wenig Geschmack ins Wasser zu bringen. Hier ist frische Minze der absolute Klassiker.

Aber was verbirgt sich nun hinter dem Begriff „Infused Water"? Die Antwort auf diese Frage ist genau so einfach wie die Zubereitung des Wassers selbst: Infused Water ist natürliches Wasser mit oder ohne Kohlensäure, dem frische Früchte, Gemüse oder Kräuter zugefügt werden, um eine leichte Geschmacksnote zu erhalten. Nach der Zubereitung sollte man das Wasser ein Weilchen stehen lassen und gegebenenfalls kühlen, damit die Zutaten ihren Geschmack abgeben können.

Ein absolut perfekter Trick für all diejenigen, denen Wasser zu langweilig ist, die sich aber trotzdem von kalorienhaltigen Limos verabschieden wollen. Denn Infused Water hat die tolle Eigenschaft, kaum Kalorien zu enthalten, und dennoch einen feinen Geschmack zu haben.

Aber warum ist Wasser so wichtig?

Wasser ist für den Menschen ein lebensnotwendiger Rohstoff: Jeder Organismus ist zwar verschieden, aber allen Menschen bestehen zu einem gewissen Prozentsatz aus Wasser. Der menschliche Organismus braucht dieses Wasser, um überhaupt überleben zu können.

Alles Leben entstand aus dem Wasser, und zwar aus Meerwasser. In den Ozeanen der Urzeit entwickelten sich durch komplexe Verbindungen die ersten primitiven Lebensformen, die im Laufe von Milliarden von Jahren eine unglaubliche Vielfalt hervorbrachten. In den ersten drei Milliarden Jahren existierte kein Leben außerhalb von Wasser. Und im weiteren Sinne gilt das auch heute noch: Alle lebenswichtigen Vorgänge in unseren Zellen laufen in wässrigen Verbindungen ab.

Wir Menschen sind also regelrechte „Wasserwesen“. Unser Körper besteht zu großen Teilen aus Wasser. Der Wasseranteil nimmt jedoch im Alter ab: Während bei einem Neugeborenen 70 bis 80 Prozent des Körpergewichts aus Wasser besteht, fällt der Wasseranteil im Laufe eines Lebens immer weiter ab. Bei Menschen über 85 Jahren beträgt er nur noch circa 50 Prozent.

Bei einem Flüssigkeitsverlust von etwa 0,5 Prozent, bekommen wir Durst. Mit weiter fallendem Wassergehalt des Körpers wird dieses Durstgefühl stärker. Schon bei zwei Prozent vermindert sich die körperliche und geistige Leistungsfähigkeit, bei fünf Prozent steigt sogar unsere Körpertemperatur an. Verliert dein Körper an die zehn Prozent seines Gewichtes, zeigen sich schwere Symptome: das Blut wird dicker, es stellt sich eine geistige Verwirrung ein und schließlich versagt der komplette Kreislauf. Ein Verlust von mehr als 20 Prozent führt ohne Umwege zum Tod, und zwar durch Nieren- und auch Kreislaufversagen.

Ohne Essen kann ein Mensch je nachdem, wie viele Fettreserven er hat, etwa vier Wochen überleben, ohne Wasser schafft er dies nur wenige Tage.

Dies macht deutlich, warum Wasser für unser Leben so überaus wichtig ist.

Infused Water hat aber noch einen weiteren Vorteil: Die zugesetzten Obst- oder Gemüsestücke oder auch Kräuter geben nicht nur ihren Geschmack, sondern auch einen Teil ihrer Mineralien und Vitamine an das Wasser ab. So kann dieses Wasser unterschiedliche Wirkungen entfalten. Minze zum Beispiel wirkt erfrischend und kühlend, während Beeren durch die enthaltenen Antioxidantien entgiftend wirken.

Wenn du auch jetzt noch nicht überzeugt bist, solltest du es einfach mal ausprobieren. Die Herstellung des Wassers ist denkbar simpel und funktioniert folgendermaßen:

Wie ich bereits angedeutet habe, geht es eigentlich nur darum, Zutaten in ein geeignetes Gefäß zu geben und anschließend mit Wasser aufzufüllen.

Je nachdem, welche Sorte du wählst, kann die Vorbereitung unterschiedlich sein. Es empfiehlt sich aber in jedem Fall, das Obst oder Gemüse gründlich zu waschen, auch wenn sie im Handel als „unbehandelt“ verkauft werden. Schneide die Lebensmittel klein, damit sie erstens in das Gefäß passen und zweitens (und das ist noch viel wichtiger) ihre Oberfläche in der Weise vergrößert wird, dass sie mehr Geschmack und Nährstoffe abgeben können. Danach musst du das Wasser etwas stehen lassen, damit es gut „durchzieht". Wenn du magst, kannst du es auch im Kühlschrank kühlen oder Eiswürfel zufügen. Aber zwei bis vier Stunden sollten es schon mindestens sein. Hier gilt der Grundsatz: Je länger, desto besser. Je nachdem, welche Zutaten du verwendest, empfehle ich dir, bis zu acht Stunden zu warten. So kannst du dein Wasser zum Beispiel am Abend zubereiten, über Nacht in den Kühlschrank stellen, damit die Haltbarkeit der Zutaten gewährleistet ist und am Morgen ist dein Infused Water fertig.

Noch vor einigen Jahren galt es als ausgesprochen „en vogue", eine Scheibe Zitrone ins Glas zu geben. Dementsprechend wurde es nur in der gehobenen Gastronomie so praktiziert. In Ländern, in denen das Wasser desinfiziert werden muss, ist es fast schon notwendig, Zitrone zuzufügen. Später wurde in den so genannten „Spas" und Heilkureinrichtungen herausgefunden, dass Wasser unter der Beigabe von Früchten eine äußerst erfrischende Wirkung erzielt und die Kunden beziehungsweise Patienten gerne Wasser tranken und zunehmend auf zuckerhaltige Getränke verzichten konnten. Insbesondere in Einrichtungen, in denen es um Gewichtsreduzierung geht, wird Infused Water angeboten.

Heute musst du nicht mehr ins Spa gehen, sondern kannst dein eigenes Infused Water ganz einfach selbst herstellen. Nach einer gewissen Zeit wird es dir sogar besser schmecken als herkömmliche Getränke und du wirst deine früheren Lieblingsgetränke schnell als zu süß empfinden.

Infused Water hilft vielen Menschen, ihren Wasserhaushalt im Gleichgewicht zu halten oder sogar zu erhöhen und das nicht aus Vernunftgründen, sondern weil das Wasser lecker schmeckt. Viele berichten außerdem über ein erhöhtes Energielevel, reinere Haut und über die Linderung kleinerer Beschwerden wie zum Beispiel Kopfschmerzen. Du kannst eigentlich nichts falsch machen und deiner Fantasie sind keine Grenzen gesetzt.

Kaufe frische, saisonale Produkte auf dem Wochenmarkt oder im Bioladen. Du erzielst die beste Wirkung aus Infused Water, wenn du frische und vor allem gesunde Zutaten verwendest.

Erstes Kapitel: Nur ein neuer Trend?

Mit dem neuen Trend des Infused Water erhält normales Wasser einen dezenten Geschmack und es wird dir nicht mehr schwer fallen, deinen täglichen Flüssigkeitsbedarf auf gesunde und leckere Weise zu aufzufüllen. Hierbei wird das geschmacksneutrale Wasser mit kleingeschnittenem Obst, Beeren, Kräutern oder auch Gemüse angereichert. Nach und nach nimmt das Wasser den Geschmack der Zutaten auf und wird darüber hinaus mit Vitaminen und Mineralstoffen angereichert.

So wirkt dieses Wasser, je nachdem, was du zugefügt hast, erfrischend, energetisierend oder auch entgiftend. Alle Rezepte sind sehr einfach nachzumachen und enthalten extrem wenig Kalorien.

Das englische Wort „infused“ bedeutet so viel wie „aufgegossen“ – und nichts anderes passiert beim Infused Water: Stücke aus frischem Obst und Gemüse nach Wahl werden mit Wasser aufgegossen und dann im Kühlschrank über mehrere Stunden ziehen gelassen, bevor man das Wasser genießen kann.

Gurkenwasser, Mango-Ingwer-Wasser, Zitrone-Blaubeer-Minze-Wasser und so fort: Infused Water trifft voll den derzeitigen Trend. Hier erfährst du, wie du diese leckeren Erfrischungen selbst zubereiten kannst.

Ausreichend Wassertrinken ist gesund und wichtig, meistens aber unspektakulär, wenn es um den Geschmack geht, weswegen es für viele eine echte Herausforderung darstellt, täglich ausreichend Wasser zu trinken. Die Infused Water jedoch sorgen für genügend Motivation beim Trinken, da sie nicht nur gesund, sondern auch lecker sind.

Der Trend stammt, wie so oft, aus den USA, aber eigentlich ist es gar kein neues Phänomen, denn auch in Deutschland werden Gurkenwasser und andere Geschmackssorten eigentlich schon lange getrunken.

Und doch motiviert der neue Trend scheinbar und sorgt dafür, dass auch die Trinkfaulen mehr für ihre Flüssigkeitsaufnahme und damit ihre Gesundheit tun.

Das ist das Tolle an diesem mit Fruchtaromen angereicherten Wasser: Es macht richtig Lust, mehr zu trinken, als bei gewöhnlichem Wasser. Dabei steigert es ganz nebenbei auf diese Weise das Wohlbefinden, entgiftet deinen Körper und steigert deine Leistungsfähigkeit und Energie. So hält uns das Wassertrinken nicht nur gesund, sondern steigert zudem unsere allgemeine Lebensqualität.

Dabei hat das Infused Water auch noch extrem wenig Kalorien. Im Gegenteil: Bei drei Gläsern Wasser zusätzlich verbrennst du automatisch einfach mal so 205 Kalorien und das ganz ohne Sport? Daher solltest du das Infused Water in jedem Fall gewöhnlichen Fruchtsäften, Smoothies und Limonaden, auch denen ohne Zucker, eindeutig vorziehen. Die herkömmlichen Getränke versorgen dich zum Teil zwar auch mit Vitaminen und Nährstoffen, enthalten aber zugleich sehr viel Zucker. Ganz anders als beim Infused Water: Obst und Gemüse geben zwar ihr Aroma, die Mineralien, Vitamine und Antioxidantien an das Wasser ab, die Kalorien behalten sie aber schön für sich.

Vergiss die Anti-Aging-Cremes: mit Infused machst du quasi eine natürliche Verjüngungskur von innen heraus. Bei regelmäßigem Genuss wirst du dich frischer, fitter und gesünder fühlen.

Gerade im Sommer ist es ganz besonders wichtig, ausreichend Flüssigkeit zu sich zu nehmen. Da aber pures Wasser auf Dauer langweilig und die Alternativen zu kalorienhaltig sind, bestand die Notwendigkeit eines Getränkes, welches gesund ist, gut schmeckt und kalorienarm ist.

Dies alles findest du beim Infused Water oder „Detox-Water“. Es handelt sich daher beileibe nicht um einen reinen Modetrend, sondern hier wird drei Bedürfnissen deines Körpers Rechnung getragen: Sein Bedürfnis nach Flüssigkeit und sein Verlangen nach Geschmack und der Vorteil der positiven Energie- und Kalorienbilanz.

Das heißt, diese Getränke sind nicht nur köstlich, sondern auch noch gesund, denn die Zutaten geben Mineralien, Vitamine und Antioxidantien an das Wasser ab, das du dann wiederum deinem Organismus zuführst.

Noch ein Wort zu den geeigneten Gefäßen, die es auf dem Markt zu kaufen gibt:

Es gibt natürlich jede Menge Krüge, Flaschen und Gläser, die augenscheinlich speziell für Infused Water produziert wurden.

Diese Gefäße haben einen flexiblen Deckel, der sich öffnet, wenn man sich das Wasser eingießen möchte. Diese Flaschen gibt es auch mit dazugehöriger Kühlplatte.

Zweifelsohne passen diese Gefäße sehr gut zu deinem aromatisierten Wasser, da durch den Deckel keine Verunreinigungen entstehen können. Auch die elektrische Kühlvorrichtung ist ein nicht zu verachtender Luxus.

Alles gut und schön, aber auch relativ teuer und nicht unbedingt notwendig, zumindest am Anfang nicht.

Du kannst dein Infused Water in jeder Flasche, jedem Krug zubereiten. Ich empfehle dir aber ein Gefäß aus Glas, da Plastikflaschen mit der Zeit unschön aussehen und „blind“ werden: das Auge trinkt schließlich mit.

Wenn du kein verschließbares Gefäß besitzt, decke es zumindest mit einem Tellerchen oder mit Folie ab, damit nichts in dein Wasser fällt oder fliegt, was da nicht rein gehört.

Zweites Kapitel: Wie wirkt Fruit Infused Water?

Infused Wasser schmeckt erfrischend und hat meist eine leicht fruchtige Note. Doch ist es eigentlich tatsächlich gesund und können die paar enthaltenen Obst- und Gemüsestücke wirklich zur Verbesserung deiner Gesundheit beitragen?

Nun, das liegt ganz bei dir und der Kombination, die du wählst.

Es gibt Variationen des **Infused Waters**, die sich besonders positiv auf verschiedene Bereiche deines Körpers auswirken. Zitrone zum Beispiel bringt dir Energie, regt deinen Stoffwechsel und verbessert deine Verdauung. Außerdem wirkt sie, ähnlich wie die Gurke, sehr erfrischend. Dies wird besonders im Sommer, wenn die Temperaturen hoch sind, als angenehm empfunden. Alle Obst- und Beerensorten süßen dein Wasser, liefern dir die notwendige Energie und stärken dein Immunsystem. Rosmarin besitzt die Eigenschaft, dass es muskelentspannend und

-regenerierend wirkt, was auch das Erinnerungsvermögen und die Konzentration verbessert. Minze wirkt gut gegen Allergien und verbessert außerdem das Hautbild.

Du kannst also mit unterschiedlichen Kombinationen gegen besondere Beschwerden vorgehen:

- Bauchfett verschwindet mit der Kombination aus Gurke, Erdbeeren und Basilikum.
- Du benötigst mehr Energie? Dann wähle Zitrone, Gurke, Beeren und Apfelsine.
- Erdbeeren, Gurke, Limette und Minze in deinem Wasser bauen Stress ab.
- Schlank und fit wirst du mit der Kombination aus Zitrone und Kokosnusswasser
- Fett lässt sich einfach „ausschwemmen", wenn du Gurke, Grapefruit, Mandarine und Pfefferminzblätter deinem Wasser zufügst.

Du ahnst wahrscheinlich schon jetzt, dass dir jede Menge Möglichkeiten geboten werden, dein Wasser nicht nur geschmacklich zu verändern, sondern zusätzlich auch dem einen oder anderem Wehwehchen auf den Leib zu rücken.

Beim Einkaufen für dein Infused Water solltest du unbedingt auf Qualität achten. Die Produkte sollten hochwertig sein und vor allem unbehandelt und frei von chemischen und sonstigen Zusätzen. Aber auch dann solltest du diese gut waschen, bevor du sie deinem Wasser zufügst.

Ich stelle dir hier beispielhaft die Wirkungen unterschiedlicher Kombinationen vor. Natürlich kannst du die Zutaten auch anders kombinieren, gerade wie es dir gefällt beziehungsweise schmeckt.

Immun- Abwehr	**Detox**	**Gewicht**	**Blutdruck**	**Metabo- lic Boos- ter**	**Antioxidan- tien**
Zitrone Orange Minze	Weintrauben Gurke Himbeere	Ingwer Gurke Zitrone	Kiwi Passionsfrucht Guave	Zimt Grüntee Erdbeere	Orange Erdbeere Cranberry
Mango Gurke Ingwer	Ananas Zitrone Granatapfel	Zitrone Limone Grüntee	Granatapfel Kirsche Kiwi	Minze Zitrone	Blaubeere Apfel Himbeere

Anhand dieser Beispiele erkennst du bereits jetzt auf den ersten Blick, wie du mit ein paar wenigen Früchten in unterschiedlicher Kombination viele Beschwerden lindern, beziehungsweise positive Effekte erzielen kannst.

Drittes Kapitel: Fit und schlank mit Infused Water

Dadurch, dass du deinem Wasser natürliche Schlankmacher zufügst, unterstützt du auf denkbar einfache Weise eine Gewichtsreduktion. Gurke zum Beispiel enthält jede Menge Magnesium und Kalium, ist aber daneben auch überaus kalorienarm.

Sie hat eine entwässernde Wirkung, was dich wiederum beim Abnehmen unterstützt.

Auch frische Minze eignet sich hervorragend als Zusatz für dein Wasser. Sie hat einen positiven Einfluss auf deinen Fettstoffwechsel und wirkt hervorragend gegen Heißhunger auf Süßigkeiten.

Ingwer wirkt sich ebenfalls positiv auf deinen Stoffwechsel aus und ist damit deine Geheimwaffe gegen deine Fettpölsterchen an Bauch und Oberschenkeln.

Ähnlich positiv wirkt auch die Zitrone. Sie hat einen sehr hohen Vitamin-C-Gehalt und schleust damit das Fett aus deinen Zellen. Sie unterstützt dich wirkungsvoll dabei, deine Gewichtsziele zu erreichen.

Warum also noch weiter warten? Fange am besten gleich an, dein individuelles Infused Water zusammenzustellen.

Es ist dir alles erlaubt, was dir schmeckt. Kombiniere, was du möchtest: Blaubeeren mit Limetten, Orange mit Kiwi, Himbeere mit Minze, Gurke mit Limetten – oder einfach alles miteinander – das liegt vollkommen bei dir. Die Hauptsache ist, es schmeckt dir und du trinkst dein Wasser gerne.

Das alles legt die Vermutung nahe, dass Infused Water auch zum Abnehmen geeignet ist. Es handelt sich ja nur um Wasser mit ein wenig Geschmack und nur einer Spur Fruchtzucker, so dass es extrem wenig Kalorien enthält. Sofern man sich nicht ausschließlich von Infused Water ernährt, was sich letztendlich katastrophal auf den Stoffwechsel auswirken würde, kann dieses Wasser durchaus eine gute Unterstützung bei einer Diät sein. Statt Softdrinks, Fruchtsäften und anderen gesüßten Getränken nimmst du einfach nur noch Infused Water zu dir und sparst dabei schon unnötige Kalorien ein. Bei der einen oder anderen Zusammensetzung kannst du sogar gleichzeitig noch die Fettverbrennung ankurbeln und richtig was für deine Gesundheit tun.

Viertes Kapitel: Inhaltsstoffe & Vitamine

Welche Früchte, Gemüsesorten oder Kräuter sind nun am besten für Infused Water geeignet? Im Gegensatz zu Tee wird der Geschmack der Zutaten bei Infused Water nicht durch Hitze entzogen. Das ist ein wesentlicher Vorteil zum Beispiel gegenüber dem Früchtetee.

Für dein Wasser nutzt du Zutaten, die möglichst frisch und saftig sein sollten. Natürlich kannst du das Wasser auch würzen, wenn du magst. Du kannst zum Beispiel ein wenig Kakaopulver, Zimt, Cayennepfeffer oder Ähnliches hinzufügen, aber Hände weg vom Salz.

Deine Hauptzutaten sollten lecker sein und sich gut mit Wasser mischen lassen.

Melonen, alle Arten von Zitrusfrüchten, Beeren und sogar Bananen eignen sich hervorragend für die Verarbeitung zu einem köstlichem Infused Water und geben deinem Wasser einen ganz besonderen Geschmack.

Wenn du erst einmal festgestellt hast, wie einfach die Rezepte zuzubereiten sind und wie viel Spaß dir die Zubereitung macht, kannst du deine Zutaten ganz nach Geschmack, Vorlieben und Wirkung wählen.

Um den charakteristischen Geschmack deiner Zutat zu erhalten, solltest du dich bei der Auswahl deiner Zutaten auf einige wenige beschränken. Zu viele Zutaten könnten deine Geschmacksnerven ordentlich durcheinanderbringen.

Viele Zutaten wirken jedoch ungeheuer erfrischend.

Du kannst auch Obst mit Gemüse mischen, um festzustellen, wie sich diese Kombination auf den Geschmack auswirkt.

Du kannst durchaus Erbsen mit Minze und Birne oder Karotten mit Limetten und Salbei mischen. Das hört sich erst mal lecker an, aber probiere es einfach aus, ob dir der Geschmack einer solchen Kombination tatsächlich zusagt.

Wie ich dir bereits in einem der vorigen Kapitel beschrieben habe, werden dadurch, dass du dem Wasser einfach nur rohes Obst oder Gemüse zufügst, ohne es zu erhitzen oder anderweitig zu verarbeiten alle Vitamine und Mineralstoffe eins zu eins an das Wasser abgegeben.

Du selbst entscheidest durch die Auswahl deines Zusatzes, welche Vitamine und Mineralstoffe dies sein sollen.

Fünftes Kapitel: Auf Bio setzen

Es gibt bisher keinen wissenschaftlichen Beweis dafür, dass Bio-Produkte tatsächlich einen signifikant höheren Nährwert haben als konventionelle Produkte, allerdings sagen auch Fachleute, dass sie einfach besser schmecken und einen durchweg reicheren Geschmack haben.

Fragt man einen Bio-Bauern, wird er sicherlich sagen, dass der gute Geschmack von der besonders schonenden und fürsorglichen Behandlung kommt, die er ihnen zuteil werden lässt. Pflanzen aus natürlich ökologischem Anbau haben keinen Kontakt zu Pestiziden und nehmen ausschließlich unbedenkliche, zusätzliche Nährstoffe aus dem Boden auf. Diese werden dann beim Verzehr an den Menschen weitergegeben. Nach einer Studie der Newcastle University enthalten Obst und Gemüse aus biologischem Anbau ungefähr vierzig Prozent mehr Antioxidantien, als Produkte aus konventionellem Anbau. Zur Erklärung: Antioxidantien schützen deine Zellen vor Schädigungen durch freie Radikale, stärken so deine Abwehrkräfte und schützen dich vor vorzeitigen Altersanzeichen.

Es ist zwar etwas teurer, aber wenn du dich für Bio-Produkte entscheidest, bist du auf der sicheren Seite, keine Pestizide, Sprühmittel oder genetisch veränderte Organismen aufzunehmen.

Außerdem kannst du dir bei Erzeugnissen aus ökologischem Anbau sicher sein, dass sie, ohne die Umwelt zu schädigen produziert wurden. Das allein beruhigt und gibt ein gutes Gefühl, selbst etwas für die Umwelt getan zu haben.

Dadurch, dass die Inhaltsstoffe deiner Zutaten ungefiltert in dein Wasser aufgenommen werden, ist es doppelt wichtig, darauf zu achten, dass sie unbehandelt sind. Aber auch dann solltest du sie zur Vorsicht gut abwaschen, damit du nicht unbeabsichtigt Stoffe zu dir nimmst, die kontraproduktiv wirken würden.

Tipp: Mehrere Aufgüsse sind möglich

Gerade Anfänger machen oft den Fehler, die eingelegten Zutaten zu entsorgen, nachdem sie das Wasser ausgetrunken haben. Es sind aber durchaus mehrere Aufgüsse möglich. Dabei wird einfach wieder frisches Wasser aufgefüllt. Wie häufig man dies wiederholen kann, hängt von den Zutaten ab. In der Regel sind aber ungefähr drei Durchgänge durchaus machbar. Beim dritten Mal ist jedoch der Geschmack nicht mehr so intensiv, wie am Anfang, reicht aber immer noch aus, um simples Wasser spannender zu machen.

Sechstes Kapitel: Rezepte

Im Grunde ist die Herstellung von Infused Water ganz leicht. Das habe ich dir bereits ausführlich beschrieben. Wenn du es ausprobieren möchtest, solltest du nicht lange zögern, sondern einfach dein Wasser mit vorhandenen Zutaten aromatisieren. Experimentieren ist erwünscht und lohnt sich außerdem. Sofern du dennoch Hilfe benötigst, habe ich dir nachfolgend einige Rezepte zusammengestellt, die du gerne nachmischen kannst.

Sofern die Mischung eine besondere Wirkung auf deinen Organismus oder dein Wohlbefinden hat, werde ich dich entsprechend darauf hinweisen. Alle Mischungen ohne Extra-Hinweis haben zwar keine besondere Wirkung, beeinflussen aber deinen Körper trotzdem positiv, allein schon durch die vermehrte Aufnahme von lebensnotwendiger Flüssigkeit.

Der Klassiker heißt Gurkenwasser

Gurken sind durch den hohen Eigenanteil an Wasser ein neutrales Gemüse mit relativ wenig Geschmack. Daher verwendet man sie eher als Zutat im Salat oder Deko auf Brötchenhälften. Die Gurke kann jedoch noch viel mehr: Sie enthält wichtige Antioxidantien und schützt somit auch dein Herz. Außerdem wirkt sie entzündungshemmend. Sie ist ein so genanntes basisches Lebensmittel und wirkt damit einer Übersäuerung deines Körpers entgegen. Für die Sportler unter uns: Gurkenwasser ist ein isotonisches Getränk, das heißt, die Mischung von Nährstoffen und Flüssigkeit entspricht dem Verhältnis unseres Blutes.

Gurkenwasser ist ein ausgesprochen preisgünstiges Getränk:

Du benötigst tatsächlich nur Wasser und eine Schlangengurke.

Zubereitung:

Die Gurke gut abwaschen und in Scheiben schneiden. Beliebig viele Scheiben in ein geeignetes Gefäß füllen und Wasser angießen. Fertig. Das Wasser je nach Belieben für mindestens eine Stunde ziehen lassen. Den intensivsten Geschmack erzielst du, wenn du dein Wasser über Nacht gekühlt ruhen lässt. Gurkenwasser ist jedoch nicht ewig haltbar. Du solltest es daher innerhalb von zwei Tagen verbrauchen, da die Gurke sonst verdirbt.

Gurke lässt sich mit vielen Zutaten kombinieren, um unterschiedliche Geschmacksrichtungen zu kreieren.

Gurke trifft Minze

Um das Gurkenwasser etwas aufzupimpen, kannst du einige Blätter Minze zufügen. Die Minze musst du unter fließendem Wasser gut abwaschen und dann in Streifen schneiden, damit sie ihren vollen Geschmack entfalten kann. Minze macht dein Wasser etwas süßer und daneben noch erfrischender.

Gurke trifft Zitrusfrucht

Gurke passt sehr gut zu Zitrone. Dein Wasser erhält dadurch einen fruchtigen Geschmack, der sich mit dem sanften Geschmack der Gurke sehr gut verbindet. Du erhältst eine Extraportion Vitamin C und nebenbei einen etwas spritzigeren Geschmack. Auch die Zitrone muss zunächst gut abgewaschen werden, auch dann, wenn sie unbehandelt ist. Außerdem muss die Zitrone etwas länger ziehen, als die Gurke. Also: Erst die in Scheiben geschnittene Zitrone dem Wasser zufügen, dann circa zwei Stunden warten und dann die Gurke in Scheiben beifügen. Wem das zu lange dauert, kann die Zitrone auch auspressen und den Saft direkt mit den Gurken zum Wasser geben.

Diesen Drink kannst durch auch mit Orangen oder Limetten zubereiten.

Gurke trifft Erdbeere

Selbst Erdbeeren passen gut zur Gurke. Sie liefern dir viel Kalium und können damit deinen Blutdruck senken. Hierzu ein paar Erdbeeren gut abwaschen, die Blätter entfernen und halbieren. Auch sie sollten zusammen mit den Gurkenscheiben einige Zeit lang im Wasser ziehen. Wenn du die dunkelroten Früchte verwendest, erhältst du einen besonders intensiven Geschmack.

Beruhigt deinen Bauch und Verdauungstrakt: Lavendel-Blaubeere

Lavendel entkrampft deinen Verdauungstrakt und die so genannten Polyphenole in den Blaubeeren wirken sehr wirksam gegen Blähungen.

Zutaten:

15 Blaubeeren

2 Zweige Lavendel

Saft einer halben Zitrone

1 Teelöffel Honig

Wasser mit oder ohne Kohlensäure

Zubereitung:

Die Blaubeeren im Ganzen, die Lavendelzweige grob zerkleinert in das Gefäß geben. Den Honig gut im Wasser auflösen und aufgießen.

Circa vier Stunden ziehen lassen. Mit Eiswürfeln angereichert eine super Erfrischung.

Bekämpft eine Blasenentzündung: der Beerenmix

Wenn es beim Wasserlassen brennt und schmerzt, könnte es sich um eine Blasenentzündung handeln.

Harntreibender und entzündungshemmender Rosmarin in Verbindung mit Cranberrys kann Abhilfe schaffen.

Die in den Cranberrys enthaltenen Tannine beruhigen die Blasenwand.

Zutaten:

1 Hand voll Cranberrys

1 Apfel

1 Hand voll Johannisbeeren

5 Blätter Melisse

1 Zweig Rosmarin

Wasser mit oder ohne Kohlensäure

Zubereitung:

Den Apfel in grobe Stücke schneiden, die Melissenblätter und den Rosmarinzweig etwas zerrupfen. Alles zusammen in ein geeignetes Gefäß füllen und mit Wasser aufgießen.

Mindestens vier Stunden ziehen lassen.

Melisse-Feige: Erste Hilfe beim Einschlafen

Zitronenmelisse hat nachweislich einen günstigen Einfluss auf Unruhezustände, außerdem lässt sie uns besser einschlafen. Sie hat eine beruhigende und angstlösende Wirkung.

Zutaten:

1 Birne

4 Stängel Zitronenmelisse

2 getrocknete Feigen

Wasser mit oder ohne Kohlensäure

Zubereitung:

Zunächst schneidest du die Zutaten grob in Stücke und gibst sie in ein geeignetes Gefäß. Dann erst mit Wasser auffüllen. Am besten bereitest du dieses Getränk am Morgen zu und stellst es in den Kühlschrank, damit es am Abend gut durchgezogen ist.

Kräuter-Trauben: stärkt deine Immunabwehr

Brennnessel enthält außerordentlich viel Vitamin C und Kalzium und wirkt zudem blutreinigend und -bildend.

Löwenzahn enthält Bitterstoffe, die Galle und Leber anregen. Er enthält viele Mineralstoffe sowie Vitamin A und K.

In Kombination stärken sie deine Immunabwehr.

Grüne und rote Trauben bestehen, wie viele anderen Obstsorten auch, zum größten Teil aus Wasser. Der Anteil beträgt in etwa 81 Prozent. Daneben enthalten sie die antioxidativ wirkenden Vitamine C und E und tragen damit zum Schutz deiner Zellen bei.

Die unter anderem in Weintrauben enthaltenen Mineralstoffe Kalium und Magnesium unterstützen deine Muskel- und Nervenfunktion und regulieren deinen Flüssigkeitshaushalt. Ballaststoffe fördern die Verdauung.

Dabei sind sie kalorienarm und enthalten so gut wie überhaupt kein Fett.

Sie sind damit für dein Gewichtsmanagement von unschätzbarem Wert.

Zutaten:

1 Hand voll Brennnesselblätter

4-5 Blätter Löwenzahn

1 Hand voll Weintrauben

2 Aprikosen

Wasser mit oder ohne Kohlensäure

Zubereitung:

Alle Zutaten gut abwaschen, insbesondere, wenn du Löwenzahn und Brennessel selbst gepflückt hast.

Die Kräuter grob zerkleinern, Weintrauben halbieren und Aprikosen in grobe Stücke schneiden. Mit Wasser auffüllen und ungefähr vier Stunden ziehen lassen.

Erfrischend und mit einer Extraportion Antioxidatien: Johannisbeere-Minze-Mix

Johannisbeeren, egal ob rot, schwarz oder weiß, stecken voller Vitamine und Mineralstoffe.

Johannisbeeren, insbesondere die schwarzen, enthalten Antioxidantien und jede Menge Vitamin C.

Sie schützen damit nachweislich gegen Krebs, indem sie freie Radikale einfangen.

Neueste Forschungen haben ergeben, dass schwarze Johannisbeeren möglicherweise sogar helfen, Krebs an der Leber zu vermeiden.

Zutaten:

1 Liter Wasser mit oder ohne Kohlensäure

2 Hände voll Johannisbeeren

2 Hände voll frischer Minzblätter

Wasser mit oder ohne Kohlensäure

Je nach Geschmack: Eiswürfel

Zubereitung:

Die Johannisbeeren und Minzblätter gründlich mit Wasser abspülen und in ein geeignetes Gefäß geben.

Mit einem Liter Wasser auffüllen.

Diese Mischung solltest du nicht in den Kühlschrank stellen, sondern bei Zimmertemperatur ein bis zwei Stunden ziehenlassen, damit sich der volle Geschmack entfaltet.

Je nach Geschmack Eiswürfel dazugeben.

Zitronen-Limette-Minze-Wasser

Zitrone, Limette und Minze sind eine perfekte Kombination für jedes Infused Water. Es sieht nicht nur fantastisch aus, wenn du es deinen Gästen anbietest, es enthält auch jede Menge Vitamin C. Minze sorgt für eine Extra-Portion Frische in deinem Wasser. Besonders an warmen Sommertagen eine willkommene Erfrischung.

Mit einem Hauch Süßstoff kreierst du eine gesunde Leckerei, die fast wie ein Cocktail ausschaut.

Zutaten:

2 Zitronen

2 Limetten

2 Stängel frische Minze

1 Kilo Eiswürfel

1 Liter Wasser mit oder ohne Kohlensäure

Zubereitung:

Die Früchte in Scheiben schneiden und zusammen mit der Minze in den Krug geben. Die Eiswürfel auf die Zutaten geben, damit sie nicht aufschwimmen, und ein geeignetes Gefäß mit Wasser füllen. Für zwei bis acht Stunden vor dem Servieren kühl stellen.

Tropical-Mango-Orange-Water: ein kleiner Ausflug in die Karibik

Wenn du dieses Infused Water trinkst, wirst du sicherlich an deinen letzten Urlaub erinnert. Es wird dir das Gefühl vermitteln, auf einer karibischen Insel zu sein.

Die enthaltenen Früchte kannst du den ganzen Tag über verwenden, ein erneuter Aufguss am nächsten Tag ist allerdings nicht ratsam, da sie nach etwa 24 Stunden ihr Aroma abgegeben haben.

Die Apfelsine liefert dir eine Extra-Portion Vitamin C.

Mangos stecken ebenfalls voller Vitamin C, enthalten aber darüber hinaus Vitamin E und B-Vitamine, zum Beispiel Vitamin B1 und Folsäure. Diese Vitamine helfen deinem Immunsystem, deine Zellen vor den negativen Folgen von Stress zu schützen.

Mangos enthalten auch Beta-Carotin, die Vorstufe von Vitamin A. Dieses Vitamin spielt nicht nur für die Zellerneuerung der Haut und die Abwehrkräfte eine wichtige Rolle, sondern wird auch für den Sehvorgang benötigt – so kann ein Mangel an Vitamin A zu Nachtblindheit führen. Damit ist die Mango noch empfehlenswerter als beispielsweise eine Möhre.

Außer den Vitaminen liefert die Mango noch die lebenswichtigen Mineralstoffe Kalium, Magnesium und Kalzium. Sie ist damit ein echter Allrounder.

Zutaten:

1 reife Mango

1 große Orange

1 Liter Wasser mit oder ohne Kohlensäure

Zubereitung:

Die Mango schälen, den Kern entfernen und das Fruchtfleisch in Scheiben oder grobe Stücke schneiden.

Die Apfelsine gut abwaschen und mit der Schale in Scheiben schneiden.

Die Früchte in ein geeignetes Gefäß geben und mit dem Wasser auffüllen.

Vor dem Servieren zwei bis acht Stunden kühl stellen.

Erdbeer-Zitronen-Minze-Wasser

Dass Minze sehr erfrischend wirkt und Zitrone außerordentlich viel Vitamin C enthält, weißt du bereits.

Kommen wir zur Erdbeere: In der Erdbeere stecken jede Menge gesunder Inhaltsstoffe.

Neben Vitamin C enthalten sie Kalzium, Kalium, Eisen, Zink und Kupfer. Darüber hinaus enthalten diese Früchte Polyphenole. Das sind sekundäre Pflanzenstoffe, die in dem Ruf stehen, Krebs und Herz-Kreislauf-Erkrankungen vorzubeugen.

Verwende unbedingt süße und geschmackvolle Erdbeeren, damit dein Infused Water richtig lecker wird. Wenn die Farbe der Erdbeere dunkelrot ist und der Ansatz nicht mehr weiß, ist das ein Zeichen, dass sie reif ist und gut schmeckt.

Zutaten:

6 bis 10 Erdbeeren, in Scheiben geschnitten

1 oder 2 Zitronen, in Scheiben geschnitten

2 Stängel frische Minze

2 Liter Wasser mit oder ohne Kohlensäure

Zubereitung:

Die Erdbeeren und Zitronen gut abwaschen und in Scheiben schneiden. Die Fruchtstücke und die Minze in ein geeignetes Gefäß geben. Das Wasser hinzugeben und vor dem Trinken für mindestens drei Stunden kühl stellen.

Um noch einen intensiveren Geschmack zu erhalten, kannst du die Früchte auch zerstoßen und die Minze zerkleinern, bevor du sie mit Wasser auffüllst.

Gurken-Limetten-Drink: Vitamin C trifft Vitamin B

Neben dem hohen Wassergehalt beinhaltet eine Gurke noch circa 3,5 Prozent Kohlenhydrate sowie sehr geringe Mengen an Eiweißen und Fetten.

Bei den Mineralstoffen ist die Gurke reich an Kalzium, Zink, Eisen, Magnesium, Kalium und Phosphor.

Damit die wertvollen Vitamine und Mineralstoffe erhalten bleiben, solltest du sie mit der Schale deinem Wasser zufügen, da die Vitamine, wie bei vielen anderen Obst- und Gemüsesorten auch, hauptsächlich in der Schale stecken. Achte beim Kauf darauf, dass die Gurke unbehandelt ist. Trotzdem solltest du sie vor dem Verzehr gut waschen.

Zu den weiteren Inhaltsstoffen der Gurke gehören auch die so genannten Peptidasen. Das sind Enzyme, die Eiweiß aufspalten können. Dadurch kannst du zum Beispiel Fleisch leichter verdauen. Außerdem werden Bakterien im Darm abgetötet und sorgen für eine Reinigung deines Darms.

Gurken gehören zu den basischen Lebensmitteln und unterstützen dich dabei, überschüssige Säuren im Körper abzubauen. Damit wird der Säure-Base-Haushalt des Körpers im Gleichgewicht gehalten. Das schützt dich zum Beispiel vor Rheuma und Gicht.

Durch ihre entwässernde Wirkung hilft dir die Gurke auch bei geschwollenen Beinen und Füßen. Durch ihre Inhaltsstoffe senkt sie den Blutzuckerspiegel.

Aber das Gurken-Limetten-Wasser ist nicht nur gesund, es schmeckt auch super und sorgt besonders an wärmeren Tagen für eine kleine Erfrischung.

Zutaten:

1 Limette

¼ Gurke

1 Hand voll Basilikumblätter

1 Liter Wasser mit oder ohne Kohlensäure

Zubereitung:

Gurke und Limette gut waschen und in Scheiben schneiden. Basilikumblätter ebenfalls abwaschen und grob zerpflücken. Alles mit Wasser aufgießen und mindestens zwei Stunden ziehen lassen.

Gurken-Basilikum-Wasser: die Variante ohne Limette

Die kühlende Gurke gibt zusammen mit frischem Basilikum einen wahren Energiekick. Basilikum hat die Eigenschaft, gegen Schwellungen zu helfen. In Kombination mit Gurke ist dieses Kraut eine perfekte Erfrischung an einem heißen Tag. Es wirkt Völlegefühl entgegen.

Zutaten:

1 große oder 3 kleine Gurken

5 große, frische Blätter Basilikum

2 Liter Wasser mit oder ohne Kohlensäure

Zubereitung:

Die Gurken und das Basilikum gut waschen. Die Gurke mit Schale in Scheiben schneiden, die Basilikumblätter grob zerrupfen. Alles zusammen in ein geeignetes Gefäß geben und das Wasser hinzugeben. Diese Mischung sollte vor dem Servieren für mindestens zwei, höchstens zwölf Stunden gekühlt werden.

Wenn du mehr Basilikum-Geschmack möchtest, kannst du es auch zerstoßen oder ganz klein schneiden. In dieser Variante ist aber besser, ganze Blätter zu verwenden, damit das Basilikumblätter-Aroma den Geschmack der Gurken nicht überdeckt.

Orange-Ingwer-Spicy-Drink

Für alle, die es gern ein wenig schärfer mögen, ist das Orangen-Ingwer-Spicy genau das Richtige.

Ingwer ist nicht nur ein Gew**ürz, es** wirkt sich auch positiv auf deine Gesundheit aus: Diese tolle Knolle kurbelt deine Verdauung an, kann Schmerzen lindern und hilft gegen Reisekrankheit.

Zutaten:

1 daumengroßes Stück Ingwer

1 Bio-Orange

1 Liter Wasser mit oder ohne Kohlensäure

Zubereitung:

Zuerst schneidest du den Ingwer und die Orange in Scheiben.

Beides zusammen in eine Karaffe geben und mit Wasser auffüllen.

Das Fruit Infused Water schmeckt intensiver, wenn du es im Kühlschrank mindestens drei Stunden aromatisieren lässt. Je länger, desto intensiver wird der Geschmack.

Ananas trifft Minze: ein unschlagbares Team

Ananas-Minz-Wasser ist nahezu perfekt, um erfrischt durch den ganzen Tag zu kommen. Das Wasser ist super schnell zubereitet und richtig lecker!

Nach der Banane steht die Ananas auf Platz 2 der Beliebtheitsskala tropischer Früchte. Ihr Aroma ist außergewöhnlich und lässt sich wunderbar mit allen möglichen Speisen kombinieren, egal, ob süß oder herzhaft.

In der Ananas sind zahlreiche Vitalstoffe mit außerordentlicher Wirkung enthalten. So zum Beispiel Vitamin C, aber auch Spurenelemente wie beispielsweise Mangan oder Kupfer sind in der Ananas in nicht unerheblichen Mengen enthalten.

Besonders berühmt macht die Ananas jedoch das verdauungsfördernde Enzym Bromelain.

Darüber hinaus erhält dein Körper aus der Ananas zahlreiche Mineralien und Spurenelemente. Sie enthält unter anderem Calcium, Kalium, Magnesium, Mangan, Phosphor, Eisen, natürliches Jod und Zink.

Eine ausreichende Jodzufuhr unterstützt beispielsweise unsere Gehirnfunktion. Zink unterstützt ebenfalls unsere geistige Leistung und kompensiert darüber hinaus die Auswirkungen von Stress. Calcium stärkt deine Nerven und gilt daher als ausgesprochenes Anti-Stress-Mineral, da es entspannt und beruhigt. Magnesium wirkt antidepressiv und hilft, Nervosität und Ängste zu überwinden. Die Ananas ist damit eine Frucht, die sich äußerst positiv auf neurologische Prozesse deines Körpers auswirkt. In Kombination mit Minze erhältst du zudem noch die nötige Portion Erfrischung.

Zutaten:

½ Ananas

1 Hand voll frische Minze

1 Liter Wasser mit oder ohne Kohlensäure

Zubereitung:

Die Minze gut abwaschen, abtrocknen und in grobe Stücke rupfen. Die Ananas schälen und in Stücke schneiden. Das Fruchtfleisch mit der Minze in ein geeignetes Gefäß füllen und mit Wasser auffüllen. Für circa zwei bis vier Stunden kühl stellen und genießen.

Kräuter-Drink

Durch das enthaltene ätherische Öl riecht Melisse nicht nur angenehm, sondern es wirkt sich auch beruhigend aus.

Thymian ist ein reiner Allrounder und wird gegen vielerlei Beschwerden eingesetzt, vor allem aber gegen Beschwerden der Atmungsorgane. Außerdem wirkt er sich positiv bei niedrigem Blutdruck aus.

Salbei hat eine zusammenziehende und desinfizierende Wirkung.

Er wirkt hervorragend bei Halsschmerzen und Halsentzündungen.

Salbei hemmt die Schweißentwicklung und ist daher im Sommer besonders zu empfehlen. Er hat außerdem eine ausgesprochen schweißhemmende Wirkung.

Die Wacholderbeere wirkt gut gegen Fieber oder Hitzewallungen während der Wechseljahre. Sie wirkt desinfizierend und wird häufig bei Magen-Darm-Infektionen eingesetzt. Wacholderbeeren haben aber noch weitere positive Wirkungen auf deinen Organismus. Sie wirken

- Harntreibend
- Schleimlösend
- Wärmend
- Antirheumatisch

- Erfrischend

Zusammen mit Minze und Zitrone erhältst du damit einen rundum gesunden Sommerdrink, der auch noch lecker schmeckt.

Zutaten:

2 Zweige Thymian

2 Zweige Melisse

2 Zweige Basilikum

1 Hand voll frische Minze

1 kleiner Zweig Rosmarin

1 Zweig Salbei

3 Wacholderbeeren

1 Zitrone

1 Liter Wasser mit oder ohne Kohlensäure

Zubereitung:

Die Blätter von den Gewürzzweigen entfernen, die Zitrone gut abwaschen und in Scheiben schneiden. Alles mit den Wacholderbeeren zusammen in ein geeignetes Gefäß füllen und mit Wasser auffüllen. Die Mischung muss mindestens sechs Stunden ziehen, damit sich der volle Geschmack entfaltet.

Wassermelone-Rosmarin-Wasser

Wassermelone und Rosmarin sind eine wahre Power-Kombination.

Die Wassermelone enthält, wie der Name schon verrät, hauptsächlich Wasser, nämlich etwa 95 Prozent. Aber die Wassermelone kann noch mehr: In den Fruchtfasern steckt jede Menge Vitamin A und Vitamin C. Außerdem enthält sie einen nicht zu verachtenden Anteil an Eisen bei einem niedrigen Natriumgehalt. Zusammen mit dem hohen Wasseranteil werden deine Nieren durch eine sanfte Entwässerung gereinigt und entlastet.

Dabei hat die Wassermelone so gut wie keine Kalorien, nämlich nur circa 24 Kalorien je 100 Gramm. Aber auch die Kerne sind beachtenswert: Sie enthalten ebenfalls Vitamine und Mineralstoffe.

Rosmarin gilt seit jeher als ausgesprochenes Heilkraut. Eine große Menge von besonderen Inhaltsstoffen machen dieses Kraut so wertvoll:

- Cineol steigert deine Denkleistung und dein Immunsystem
- Rosmarin macht dich wacher. Du erinnerst dich besser, kannst schneller denken und schützt dich vor der Alzheimer-Krankheit, Demenz im Alter und sogar Parkinson. Dieser Schutz wird einem ätherischen Öl zugeschrieben, dem Cineol. Dieses Wissen nutzten

bereits die Griechen der Antike, um ihre Konzentrationsfähigkeit zu erhöhen. Cineol wirkt sich außerdem positiv auf deinen Stresspegel aus. Der Bestandteil Cortisol ist einerseits als Stresshormon bekannt, bedingt aber auch eine Stärkung deines Immunsystems und verringert eine mögliche Infektanfälligkeit.

- Carnosol: ein wirksamer Stoff gegen Krebs
- Das haben mehrere, voneinander unabhängige Studien ergeben. Unter regelmäßigem Verzehr von Rosmarin ergab sich eine signifikante Aktivität gegen Krebs. Carnosol wird heute bei Brust-, Dickdarm-, Leber-, Magen-, Prostata- und Blutkrebs eingesetzt.
- Rosmanol wirkt gegen Bakterien und Viren
- Durch diesen Inhaltsstoff wirkt Rosmarin gegen Keime wie zum Beispiel Schimmel, Candida, Staphylococcus aureus oder Listerien. Daher verwenden viele Menschen Rosmarinöl auf Reisen, um Keime zu bekämpfen, wenn einmal verdorbene Lebensmittel gegessen wurden. Selbst Erkältungs- oder Herpes-Viren sind chancenlos gegen Rosmonol.
- Rosmarinsäure stärkt dein Herz und reinigt deine Blutgefäße
- Sie enthält jede Menge Antioxidatien und hat eine leicht entwässernde Wirkung. Dadurch stärkt es Herz und Blutgefäße.

Rosmarin kurbelt also die Fettverbrennung an und die Wassermelone liefert durch ihren eigenen Wassergehalt noch eine Extra-Portion Feuchtigkeit für deinen Körper. Ein Plus: Rosmarin stärkt Gehirn und Gedächtnis.

Zutaten:

2 Zweige Rosmarin

250 Gramm Wassermelone

Wasser mit oder ohne Kohlensäure

Zubereitung:

Die Melone in Stücke schneiden und aufgrund der Inhaltsstoffe die Kerne **nicht entfernen.**

Die Rosmarin-Zweige im Ganzen mit den Melonen-Stücken in ein geeignetes Gefäß geben und mit Wasser auffüllen. Ungefähr zwei Stunden ziehen lassen.

Mango-Ingwer-Wasser

Ingwer kann dir gegen Übelkeit, insbesondere gegen Reiseübelkeit helfen und wirkt außerdem noch gegen Schmerzen. Es schmeckt frisch und ein wenig scharf. Mango hingegen regt den Stoffwechsel an.

Die enthaltenen Scharfstoffe bemerkst du sofort: es wird dir sofort warm, deine Nase läuft und dein Gaumen brennt. Die Scharfmacher entfalten daneben einige nicht ganz so offensichtliche Wirkungen, zum Beispiel, dass mehr Magensäure gebildet wird. Das regt einerseits deinen Appetit an, andererseits wird aber auch deine Verdauung gefördert. Darüber hinaus wirkt Ingwer entzündungshemmend.

Mangos sollen sich beruhigend auf den Darm auswirken. Sie sind gut verdaulich, da sie arm an Säure sind. Man schreibt ihnen die Fähigkeit zu, Blutungen stillen zu können und das Herz zu stärken. Mangos enthalten viel Vitamin C und wirken dadurch vorbeugend gegen Infektionen und Erkältungen.

Zutaten:

1 Stück Ingwerwurzel, ca. zwei Zentimeter

100 Gramm Mango,

Eiswürfel

Wasser mit oder ohne Kohlensäure

Zubereitung:

Die Ingwerwurzel schälen und in Scheiben schneiden. Die Mango halbieren, den Kern entfernen und das Fruchtfleisch würfeln.

Ingwer und Mango in ein geeignetes Gefäß geben und mit Wasser auffüllen.

Circa zwei Stunden ziehen lassen.

Wenn du es etwas kälter magst, kannst du Eiswürfel zufügen.

Maracuja-Kiwi-Wasser

Die Kiwi wird hierzulande gerne verzehrt. Und das zu Recht: Mit doppelt so viel Vitamin C wie eine Apfelsine und gleichzeitig kaum Kalorien eignet sich die Kiwi hervorragend zum Abnehmen. Doch auch als gesunder Snack zwischendurch ist die saure Frucht eine beliebte Erfrischung.

Hinter der Maracuja oder auch Passionsfrucht verbirgt sich eine wahre Vitaminbombe. Sie ist reich an Vitamin A, B und C sowie Kalium, Phosphor, Eisen, Kalzium und Magnesium. Sie schmeckt süß-sauer und ihr Fruchtfleisch ist sehr aromatisch. Daher wird diese Frucht häufig genutzt, um Speisen oder Getränke zu süßen und ihnen einen typisch tropischen Geschmack zu geben.

Zutaten:

3 Kiwis

1 Maracuja

etwas Zitrone

Wasser mit oder ohne Kohlensäure

Zubereitung:

Die Kiwi schälen und klein schneiden. Die Maracuja teilen und die Kerne heraus nehmen. Die Maracujakerne gemeinsam mit den Kiwi-Stücken in ein geeignetes Gefäß geben. Etwas Zitronensaft hinzufügen und das Gefäß mit Wasser auffüllen. Das Wasser ein paar Minuten lang stehen lassen und danach genießen. Du kannst den Wasserkrug so oft auffüllen, wie es dir schmeckt. Auch beim dritten Aufguss wirst du noch den Kiwi-Maracuja-Geschmack im Wasser schmecken können, aber danach wird es weniger. Je länger die Früchte im Wasser ziehen, umso intensiver wird natürlich der Geschmack.

Zitrone-Blaubeer-Minze-Wasser

Während Zitrone die Verdauung fördert und dabei gleichzeitig den Appetit hemmt, so gilt die Blaubeere als echte Power-Frucht, die zusätzlich noch den Kreislauf stärkt. Minze kurbelt neben ihrer erfrischenden Wirkung die Fettverbrennung an und sorgt für mehr Energie. Diese außergewöhnliche Mischung beinhaltet ein süßes, aber auch sehr erfrischendes Getränk, welches absolut perfekt für warme Sommertage ist.

Zutaten:

1 unbehandelte Zitrone

100 Gramm Blaubeeren

10 Blätter frische Minze

Wasser mit oder ohne Kohlensäure

Evtl. Eiswürfel

Zubereitung:

Auch wenn die Zitrone unbehandelt ist, sollte sie gut abgewaschen werden, da sie mit Schale verwandt wird.

Die Zitrone in Scheiben schneiden und die Blätter der Minze abzupfen.

Die Blaubeeren ebenfalls gut abwaschen und mit den Zitronenscheiben sowie den Minzblättern in ein geeignetes Gefäß geben und mit Wasser auffüllen.

Apfel-Zimt-Wasser

Apfel und Zimt passen nicht nur in der Weihnachtsbäckerei geschmacklich sehr gut zusammen, sondern sie können auch gut für ein Infused Wasser kombiniert werden. Beide Zutaten regen den Stoffwechsel an und wirken entzündungshemmend. Äpfel sind reich an Vitamin C und Antioxidantien. Zimt hat darüber hinaus eine positive Auswirkung auf die Blutzuckerwerte und den Cholesterinspiegel.

Zutaten:

1 süßer Apfel

1 Zimtstange

Wasser mit oder ohne Kohlensäure

Evtl. Eiswürfel

Zubereitung:

Den Apfel gut abwaschen und in Scheiben schneiden. Das Kerngehäuse muss nicht entfernt werden, da auch die Kerne gesunde Stoffe beinhalten.

Die Apfelscheiben zusammen mit der Zimtstange in ein geeignetes Gefäß geben und mit Wasser auffüllen. Für ungefähr zwei Stunden in den Kühlschrank stellen. Wer es noch etwas kühler mag, kann Eiswürfel hinzufügen.

Erdbeere und Zitrone mit Basilikum

Dieses Wasser ist ein reiner Energie-Booster für deinen Körper und du solltest ihn, sofern du etwas empfindlicher bist, nicht unbedingt vor dem Schlafengehen zu dir nehmen.

Sowohl Zitrone als auch Erdbeere enthalten jede Menge Vitamine und Mineralstoffe. So wirken sie doppelt gegen Infektanfälligkeit und machen dich wach beziehungsweise leistungsfähig für den Tag.

Das Basilikum sorgt für eine ganz besondere Geschmacksnote, stärkt aber auch die Verdauungsfunktion.

Zutaten:

10 Erdbeeren

½ Zitrone

1 Hand voll Basilikum Blätter

Wasser mit oder ohne Kohlensäure

Zubereitung:

Die Erdbeeren gut waschen, die grünen Ansätze entfernen und die Früchte zerkleinern. Die Zitrone ebenfalls gut waschen und mit Schale in Scheiben schneiden.

Alle Zutaten in ein geeignetes Gefäß geben und die Basilikum-Blätter zufügen. Mit Wasser auffüllen und für mindestens zwei Stunden in den Kühlschrank stellen.

Rosmarin mit Zitrusfrüchten: Limone und Orange trifft Heilkraut

Limonen und Orangen sind wesentliche Vitamin-C-Träger und geben dir die Power, gut durch deinen Tag zu kommen. Sie schützen dich wirksam gegen Erkältungskrankheiten und sind vor allem in der Winterzeit sehr zu empfehlen.

Im Sommer sorgen sie für eine willkommene, gesunde Erfrischung.

Die Kombination mit Rosmarin erscheint auf den ersten Blick etwas gewagt, bringt aber eine schmackhafte Note in dein Wasser.

Rosmarin ist ein bewährtes Kreislaufmittel und wirkt gut gegen niedrigen Blutdruck. Außerdem kurbelt es deine Verdauung an.

Zutaten:

1 Limone

1 Orange

1 Zweig Rosmarin

Wasser mit oder ohne Kohlensäure

Zubereitung:

Die Limone und die Apfelsine gut abwaschen, auch wenn sie unbehandelt sind. Beide Früchte inklusive der Schale in Scheiben schneiden und in ein geeignetes Gefäß füllen. Den Rosmarin-Zweig hinzu geben und mit Wasser auffüllen. gemeinsam mit Rosmarin und Orangenscheiben in einen Krug mit Wasser geben.

Die reine Zitruskraft: Grapefruit, Limette, Orange

Dieses Wasser enthält jede Menge Vitamin C. Es ist farbenfroh und damit genau das Richtige, um an trüben Tagen die Laune etwas zu heben.

Limetten und Orangen haben wir schon mehrfach kombiniert und wissen um ihre Wirkungen.

Ähnlich wie diese beiden Zitrusfrüchte hat auch die Grapefruit nur wenige Kalorien, da sie zum größten Teil aus Wasser besteht. 100 Gramm Fruchtfleisch enthalten durchschnittlich unter 50 Kalorien.

Neben dem großen Wasseranteil enthalten 100 Gramm Grapefruit noch 8 Gramm Zucker, 0,2 Gramm Fett sowie unterschiedliche Vitamine und Mineralien. Vor allem enthält sie Vitamin C. Bereits 100 Gramm decken circa 59 Prozent des Tagesbedarfs für einen erwachsenen Menschen. Darüber hinaus enthält die Grapefruit auch noch die Vitamine A, B1, B2 und B6 sowie Kalium, Kalzium und Magnesium.

Zutaten:

½ Grapefruit

½ Limette

½ Apfelsine

Wasser mit oder ohne Kohlensäure

Zubereitung:

Die Limette und die Apfelsine sehr gut abwaschen, halbieren und mit der Schale in Scheiben schneiden.

Die Grapefruit hingegen schälen und das Fruchtfleisch filetieren.

Alles zusammen in ein geeignetes Gefäß geben, mit Wasser auffüllen und für einige Stunden in den Kühlschrank stellen.

Diese Früchte kannst du problemlos drei Mal aufgießen, ohne dass sie großartig an Geschmack verlieren.

Heidelbeer-Fenchel-Wasser

Für dieses Wasser wird nicht die Fenchel Knolle, sondern der Samen des Fenchels verwendet.

Gesundheitlich betrachtet sind im Fenchel-Saatgut jedoch ebenso viele Vitamine und Mineralstoffe enthalten wie in der Fenchel Knolle.

Die Heidelbeere als Königin der Früchte tut ihr Übriges dazu und macht das Infused Wasser zu einem rundum gesunden Getränk.

Zutaten:

Etwa 10 Heidelbeeren

1 Teelöffel Fenchelsamen

1 Liter Wasser mit oder ohne Kohlensäure

Zubereitung:

Die Heidelbeeren gut waschen und verlesen.

Zusammen mit den Fenchel Samen in ein geeignetes Gefäß geben und mit einem Liter Wasser auffüllen.

Diese Mischung muss nur etwa zehn Minuten ziehen und sollte gekühlt getrunken werden.

Himbeere-Minze-Zitrone

Auch die Himbeere passt geschmacklich zu den erfrischenden Zutaten Minze und Zitrone.

Diese kleine rote Power-Beere wirkt im menschlichen Körper entzündungshemmend, blutreinigend, beruhigend, adstringierend, fiebersenkend, harntreibend und schweißtreibend.

Eine Menge Wirkungen für so ein kleines Früchtchen.

Zutaten:

1 Hand voll Himbeeren

½ Zitrone

1 Hand voll frische Minze

Wasser mit oder ohne Kohlensäure

Zubereitung:

Die Himbeeren und die Zitrone gut abwaschen. Die Zitrone mit Schale in Scheiben schneiden und zusammen mit den Himbeeren in ein geeignetes Gefäß füllen. Die Minze hinzugeben und mit Wasser auffüllen. Für zwei bis vier Stunden im Kühlschrank ziehenlassen.

Sellerie-Apfel-Wasser

Sellerie und Apfel sind ein perfektes Team. Beide wirken antioxidativ, haben einen ordentlichen Schuss Vitamin C und schmecken vorzüglich.

Ihre positive Wirkung auf Magen und Darm sind nachgewiesen, außerdem schützen sie den gesamten Verdauungstrakt und regulieren die Produktion von Magensäure.

Zutaten:

1 Apfel

2 Stangen Sellerie

Wasser mit oder ohne Kohlensäure

Eiswürfel

Zubereitung:

Apfel und Sellerie gut abgewaschen und in kleine Stücke schneiden.

Beides in ein geeignetes Gefäß geben und mit Wasser auffüllen.

Für mindestens vier Stunden in den Kühlschrank stellen.

Dieses Wasser schmeckt am besten eisgekühlt, daher vor dem Verzehr Eiswürfel zufügen.

Siebtes Kapitel: Von A bis Z – Was wirkt wie – Zusammenfassung

Ananas

Die Ananas enthält reichlich Nährstoffe: Fast alle Vitamine und Mineralstoffe sind in ihr enthalten. Vitamin B zum Beispiel stärkt die Nerven und hält Haut und Haare gesund. Ananas wirkt temperatursenkend bei Fieber und schleimlösend bei Husten. Bei Kreislaufproblemen senkt sie den Blutdruck, verdünnt das Blut und beugt damit Arteriosklerose vor.

Apfel

Mit über dreißig Vitaminen und Spurenelementen, durchschnittlich 150 Milligramm Kalium und anderen Mineralstoffen wie Phosphor, Kalzium, Magnesium oder Eisen ist der Apfel ein wahres Power-Obst. Er besteht zu 85 Prozent aus Wasser und hat dabei durchschnittlich nur 60 Kalorien. Er hält den Verdauungsapparat, angefangen von den Zähnen bis zum Darm, gesund und liefert durch den enthaltenen Trauben- und Fruchtzucker schnell Energie.

Apfelsine

Apfelsinen sind wahre Vitaminbomben. Sie enthalten neben vielen Vitamine auch noch jede Menge wichtiger Mineralstoffe. 100 Gramm Fruchtfleisch enthält rund 50 Milligramm Vitamin C – das entspricht mehr als der

Hälfte des empfohlenen Tagesbedarfs. Vitamin C stärkt das Immunsystem, verbessert die Eisenaufnahme und sorgt so dafür, dass Sauerstoff ungehindert im Blut transportiert werden kann. Außerdem stecken in Apfelsinen jede Menge Vitamine der B-Gruppe, Folsäure und Phosphor.

Dabei enthalten sie pro 100 Gramm enthalten nur ungefähr 50 Kalorien.

Basilikum

Wir kennen Basilikum eher als Gewürz, jedoch ist es auch eine Heilpflanze.

Er stärkt die Verdauungsorgane, beruhigt die Nerven und lindert Migräne.

Eine Tasse nach jeder Mahlzeit wirkt verdauungsfördernd.

Auch das gesamte Nervensystem wird durch Basilikum gestärkt.

Basilikum kann Schmerzen während der Periode lindern und Unregelmäßigkeiten ausgleichen.

Blaubeeren

Blaubeeren sind nicht nur supergesund, sie gehören zur Gruppe des so genannten Superfoods und wirken hervorragend gegen das lebensgefährliche Bauchfett.

Sie sind reich an entzündungshemmenden Antioxidantien, halten den Insulinspiegel konstant und haben sehr wenig Kalorien.

Brennnessel

Brennnessel hat eine positive Wirkung auf Arthrose, Arthritis, Prostatabeschwerden und Blasenprobleme.

Sie ist ein wahres Aquaretikum. Mit einem hohen Kaliumgehalt verdünnt sie den Urin und macht ihn basisch. Die Urinausscheidung wird vermehrt, was eine Bakterienausschwemmung begünstigt. Verbunden mit viel Wasser wird die Brennnessel bei Harnwegsinfekten oder Reizblase eingesetzt.

Cranberrys

Die dunkelroten Beeren haben einiges zu bieten: Frische Cranberrys enthalten mit ungefähr 13 Gramm pro 100 Gramm viel Vitamin C sowie eine beträchtliche Menge Vitamin A. Sind sie getrocknet, enthalten Cranberrys einen hohen Anteil an Mineralstoffen.

Sie wirken gegen Infekte der Harnwege und gegen Blasenentzündung.

Erdbeeren

Die beliebten roten Früchte sind mit etwa 32 Kilokalorien pro hundert Gramm gut für die Figur. Sie enthalten viele Ballaststoffe – Pektine und Zellulose – wodurch sie die Verdauung fördern. Darüber hinaus sind Erdbeeren reich an Vitaminen. Ihr Vitamin C Gehalt ist sogar höher, als bei Apfelsinen und Zitronen.

Feigen

Feigen schmecken nicht nur süß und lecker, sie sind auch noch außerordentlich gesund. Diese Frucht enthält neben Ballaststoffen auch noch verschiedene Vitamine und Mineralstoffe wie zum Beispiel Magnesium und Kalium. Dadurch wirken sie verdauungsfördernd. Frische Früchte enthalten kaum mehr Kalorien als ein Apfel.

Fenchel

Allgemein bekannt ist, dass Fenchel Blähungen lindern kann. Daher wird selbst Babys Fencheltee bereitet.

Aber die Knolle kann noch viel mehr.

Fenchel besteht, wie viele andere Gemüsesorten auch, hauptsächlich aus Wasser, nämlich zu mehr als 80 Prozent. Dabei bringt er gerade mal 19 Kalorien pro 100 Gramm auf die Waage. Dieses sehr geschmacksintensive Gemüse belastet den Körper in keinster Weise. Seine positiven gesundheitlichen Wirkungen entfaltet der Fenchel durch die enthaltenen ätherischen Öle. Sie unterstützen die Verdauungsfunktion, wirken entzündungshemmend und unterstützen den Magen. Außerdem fördern sie die Durchblutung und regen die Leber sowie Nieren an.

Der Fenchel enthält darüber hinaus einiges an Mineralstoffen.

In 100 Gramm Fenchel sind

- 400 Milligramm Kalium
- 110 Milligramm Kalzium
- 2,7 Milligramm Eisen
- 93 Milligramm Vitamin C
- 6 Milligramm Vitamin E

enthalten.

Außerdem enthalten 100 Gramm Fenchel so viel Betacarotin, dass der Körper dieses in 0,8 Milligramm Vitamin A umwandeln kann: nahezu den kompletten Tagesbedarf eines erwachsenen Menschen.

Diese tolle Knolle stärkt damit die Muskeln, auch den Herzmuskel, sorgt für einen verbesserten Sauerstoff-Transport im Blut und wirkt sich durch das enthaltene Eisen allgemein blutbildend aus.

Aufgrund seiner allgemein gesundheitsfördernden Wirkung sollte Fenchel viel öfter verzehrt werden.

Grapefruit

Die Grapefruit ist wohl eine der gesündesten Früchte überhaupt. Ihre Inhaltsstoffe haben eine durchweg positive Wirkung auf den menschlichen Organismus. Sie enthält den Bitterstoff Naringin, der übrigens gleichermaßen in Pampelmusen und Pomelos zu finden ist. Dieser Bitterstoff baut Cholesterin ab, regt die Verdauung an und sorgt für eine gesteigerte Fettverbrennung. Er regt die Produktion von Magensäure an und sorgt damit für ein schnelleres Sättigungsgefühl.

Dadurch zeigt sich die Grapefruit als absolut diättauglich, sollte aber nicht in zu allzu großen Mengen verzehrt werden, da sie dann abführend wirkt.

Nicht nur das Fruchtfleisch der Grapefruit, sondern auch die Kerne entfalten eine positive Wirkung: Sie sollen antibakteriell wirken.

Guave

Die Guave müsste es eigentlich auf Rezept geben, so wertvoll ist diese kleine exotische Frucht. Außerdem schmeckt sie auch noch ganz hervorragend. In unseren Geschäften hierzulande finden wir sie leider nur sehr selten, daher sollten wir auf jeden Fall zugreifen, wenn wir sie im Angebot unseres Supermarktes finden: es lohnt sich!

Schon allein der Duft des Fruchtfleisches einer reifen Guave ist bezaubernd exotisch. Ihr Geschmack ist süß-säuerlich und man könnte ihn aus einem Mix von Erdbeeren! Stachelbeeren und Birne beschreiben.

Guaven punkten mit jeder Menge wichtiger Mineralstoffe, wie zum Beispiel Kalium, Kalzium, Phosphor und Eisen. Außerdem hat sie einen hohen Gehalt an Vitamin C. 100 Gramm dieser tropischen Frucht bringen es immerhin auf 273 Milligramm. Damit enthält sie das Vierfache an Vitamin

C, wie es zum Beispiel in einer Kiwi enthalten ist. Je reifer die Guave ist, desto mehr Vitamin C ist in ihr enthalten. In sehr reifen Guaven können sogar bis zu 900 Milligramm Vitamin C stecken. Damit decken sie, zumindest in der Theorie den Vitamin-C-Bedarf eines erwachsenen Menschen für ganze neun Tage. Auch der Gehalt an Vitamin A ist beträchtlich.

Guaven enthalten zudem eine ordentliche Portion Pektin. Dieser natürliche Ballaststoff hemmt den Appetit, in dem er im Magen aufquillt und länger satthält. Das macht die Guave interessant für alle, die an Gewicht verlieren möchten. Der Heißhunger bleibt aus und das Einhalten eines Gewichts-Managements wird eher möglich.

Gurke

Die Gurke ist ein wahrer Schlankmacher und vor allem im Sommer eine gute Erfrischung. Durch ihren hohen Wassergehalt erhält dein Körper durch sie eine Extra-Potion Flüssigkeit. Weil Gurken darüber hinaus extrem wenige Kalorien haben, darfst du sie ruhig öfter genießen. Trotz des hohen Wassergehaltes enthalten Gurken jede Menge Vitamine und Mineralstoffe.

Heidelbeere

Heidelbeeren sind ein wahres Gesund-Wunder, sie gehören zu den gesündesten Obstsorten, die die Natur zu bieten hat.

Durch die enthaltenen Antioxidantien senken sie erheblich das Krebsrisiko, da sie freie Radikale absorbieren.

Heidelbeeren putzen darüber die Blutgefäße und schützen so vor Arteriosklerose, Thrombose, Herzinfarkt und Schlaganfall.

Durch ihre Gerbstoffe wirken Heidelbeeren keimtötend und werden daher häufig bei Zahnfleischentzündungen und Magen-Darm-Infekten verwendet.

Auch entzündliche Hautekzeme sind mit dem Saft der Heidelbeere gut behandelbar.

Himbeere

So klein sie auch ist, so stark ist sie in ihrer Wirkung: die Himbeere enthält jede Menge gesunder Stoffe, die für den menschlichen Organismus sehr wertvoll sind.

Sie enthält ungefähr 25 Milligramm Vitamin C pro 100 Gramm Fruchtfleisch, darüber hinaus noch Vitamin E, Vitamin B1 und Vitamin B6.

An Mineralstoffen enthält sie pro 100 Gramm, 30 Milligramm Magnesium, 1,3 Milligramm Natrium, 1 Milligramm Eisen und 0,4 Milligramm Zink.

Damit kann diese Beere bei vielerlei gesundheitlichen Problemen und Krankheiten eingesetzt werden, wie zum Beispiel:

- geschwächtes Immunsystem
- Rheuma
- Halsentzündungen

- Mundgeschwüre
- allgemeine Beschwerden innerhalb des Verdauungssystems, wie zum Beispiel Durchfall oder Blähungen
- Zahnfleischentzündungen

Ganz besonders im Frühjahr kann man sehr gut eine Kur mit Himbeeren durchführen, um sein Immunsystem auf Trab zu bringen, seinen Körper zu entgiften und fit und gestärkt in den warmen Sommer zu starten.

Im Sommer selbst sorgt sie durch ihren leicht säuerlichen Geschmack für eine willkommene Erfrischung.

Ingwer

Wir kennen Ingwer als Gewürz oder als Beilage in der chinesischen Küche.

Dabei ist Ingwer ein wahrer Alleskönner: Er enthält Bestandteile mit arzneilichen Wirkungen.

Die enthaltenen Scharfstoffe können Schmerzen lindern und wirken Entzündungen entgegen. Dadurch kann Ingwer sogar entzündliche Gelenkschmerzen positiv beeinflussen.

Die Scharfstoffe bewirken außerdem, dass sich mehr Magensäure bildet. Das regt deinen Appetit an, wirkt sich aber auch positiv auf deine Verdauung aus. Bei Reiseübelkeit wirkt Ingwer gegen Brechreiz.

Johannisbeere

Rot, schwarz oder weiß: Eines haben alle Sorten Johannisbeeren gemeinsam, sie sind lecker und sie sind gesund. Besonders viele gesunde Inhaltsstoffe haben allerdings die schwarzen Johannisbeeren. Sie haben mit nahezu doppelt so viele Ballaststoffe und ungefähr drei Mal so viel Vitamin C im Vergleich zu den anderen Sorten. Das gleiche gilt für den Vitamin-A-Gehalt: hier ist es sogar die vierfache Menge. Das wirkt sich positiv auf deine Sehfähigkeit, aber auch auf deine Haut aus.

Kiwi

Eine große Kiwi deckt bereits den Tagesbedarf eines Erwachsenen an Vitamin C. In dieser Frucht stecken 80 bis 120 Milligramm dieses Vitamins in 100 Gramm Kiwi. Darüber hinaus enthält sie diverse E- und B-Vitamine sowie die Mineralstoffe Magnesium, Phosphor, Kalium, Kalzium und Eisen. Ballaststoffe und Omega-3-Fettsäuren im Fruchtfleisch sowie Antioxidantien in der Schale runden die gesundheitliche Wirkung der Kiwi ab. Und dabei enthält sie lediglich etwa 43 Kalorien.

Durch das Enzym Actinidin kann Eiweiß gut aufgespalten werden. Daher sollten Kiwis in rohem Zustand nicht mit Milchprodukten vermischt werden, da der Geschmack sonst bitter wird.

Lavendel

Lavendel hilft bei psychischen Problemen wie zum Beispiel nervösen Zuständen, Störungen beim Ein-und Durchschlafen, innerer Unruhe und diffusen Ängsten. Diese Wirkung ist wissenschaftlich erwiesen. Auch die harmonisierende Wirkung auf das vegetative Nervensystem ist belegt. Dadurch werden Atmung, Herzschlag, Blutdruck, Stoffwechsel und die Produktion von Magensäure unterstützt. Lavendel ist sehr gut verträglich. Er macht weder süchtig noch tagesmüde und kann problemlos über einen längeren Zeitraum eingenommen werden.

Limetten

Vielseitig und sauer, mit grüner Schale, gehören Limetten zu der Gruppe der Zitrusfrüchte.

Sie enthalten unterschiedliche Mineralstoffe, wie zum Beispiel Kalium, Kalzium und Phosphor. Kalium ist wichtig für die Funktion von Herz und Muskeln, während Kalzium für stabile Knochen und Zähne benötigt wird. Außerdem enthalten Limetten zwar etwas weniger Vitamin C als Zitronen, trotzdem schützen sie vor Infektanfälligkeit und Erkältungskrankheiten.

Löwenzahn

Schon als Kinder kannten wir den Löwenzahn mit seinen fröhlichen Pusteblumen.

Er steht fast überall, aber kaum jemand weiß, welch vielfältigen Heilwirkungen er hat.

Wie viele andere Frühlingspflanzen auch hat der Löwenzahn eine enorme blutreinigende Kraft und kann daher sehr gut im Rahmen einer Frühjahrskur verwandt werden. Er regt die Verdauungsorgane sowie die Nieren und die Blase an, wodurch alte Schlacken ausgeschieden werden können.

Hier nur einige Einsatzgebiete dieses Tausendsassas:

- Blutbildend
- Blutreinigend
- Harntreibend
- Bronchitis oder Husten
- Fieber
- Frühjahrsmüdigkeit,
- Verstopfung,
- Kopfschmerzen
- Menstruations- und Wechseljahrbeschwerden

Mango

Eine Mango besteht zu über 80 Prozent aus Wasser.

Sie hat zwar einen hohen Zuckeranteil, ist aber trotzdem sehr gesund. Dies verdankt sie ganz besonders ihrem

Gehalt an Vitaminen und Mineralstoffen. Mangos stecken voller Vitamin C, Vitamin E und B-Vitaminen, zum Beispiel Vitamin B1 und Folsäure. Alles Vitamine, die wichtig für das Immunsystem sind und dir dabei helfen, deine Zellen vor den negativen Folgen von Stress zu bewahren.

Mangos enthalten sehr viel Beta-Carotin, der Vorstufe von Vitamin A. Dieses Vitamin ist nicht nur für die Zellerneuerung der Haut und die Abwehrkräfte wichtig, sondern wird auch für das Sehvermögen gebraucht. Ein Mangel an Vitamin A kann zum Beispiel zu Nachtblindheit führen. 100 Gramm des Fruchtfleisches enthalten drei Gramm Beta-Carotin. Damit gehören sie zu einer der Obstsorten mit dem höchsten Carotin-Gehalt.

Mangos enthalten aber auch wichtige Mineralstoffe wie zum Beispiel Kalium, Magnesium und Kalzium.

Sie sind sehr gut verdaulich und werden sogar für Baby-Nahrung verwendet. Sie können leicht abführend und entwässernd wirken.

Außerdem stehen sie in dem Ruf, den Stoffwechsel ankurbeln zu können und den Appetit anzuregen, Herz und Kreislauf zu stabilisieren und Infektanfälligkeit zu verringern.

Maracuja oder Passionsfrucht

Die Maracuja oder auf Deutsch Passionsfrucht stammt ursprünglich aus Südamerika. Aufgrund ihres nicht besonders hübschen attraktiven Aussehens wird die sie häufig im

Obstregal links liegen gelassen. Ein großer Fehler, denn die Maracuja ist sehr gesund. Sie enthält neben den Vitaminen A, B und C auch Kalium, Phosphor, Eisen, Calcium und Magnesium. Darüber wird ihr eine beruhigende Wirkung nachgesagt und sie soll blutdrucksenkend wirken.

Melisse

Die Blätter der Melissenpflanze enthalten viel wertvolles ätherisches Öl, welches in den alternativen Heilmethoden Anwendung findet. Es duftet sehr angenehm und hat eine beruhigende Wirkung. Äußerlich angewendet wirkt es Lippenherpes entgegen.

Das ätherische Öl der Melisse entfaltet mehrere Wirkungen gleichzeitig. Insbesondere nervöse und ängstliche Menschen wissen es zu schätzen, da es leicht beruhigend und angstlösend wirkt. Dadurch ist Melisse auch eine gute Hilfe beim Einschlafen. Durch die entspannende Wirkung auf die Darmmuskulatur entspannt sie den Bauch und lindert damit Blähungen und Völlegefühl nach einer reichhaltigen oder fettigen Mahlzeit.

Wenn du Melissenblätter bei Schlafstörungen oder gegen nervöse Zustände einnehmen möchtest, kannst du sie gut mit Hopfen, Baldrian oder Lavendel_kombinieren.

Minze

Minze ist eine äußerst beliebte Heilpflanze. Sie sieht nicht nur schön aus, sie schmeckt auch gut, ist gut verträglich und nebenbei auch noch sehr gesund. Besonders im Sommer schenkt sie uns aufgrund ihres enthaltenen Menthols ein angenehm kühles Gefühl.

Minze gilt als wahres Allroundtalent und das zu Recht. Die enthaltenen Bitter- und Gerbstoff und auch der hohe Gehalt des ätherischen Öls Menthol wirken krampflösend und beruhigend auf Magen und Darm und kann sogar Schmerzen lindern. Sie ist sowohl innerlich, als auch äußerlich anwendbar. Aber auch für beschwerdefreie Menschen stellt ein mit Minze angereichertes Getränk eine willkommene Erfrischung im Sommer dar.

Minze kann mit nahezu allen Obstsorten kombiniert werden.

Orange

Siehe Apfelsine

Passionsfrucht

Siehe Maracuja

Rosmarin

Rosmarin wird zwar selten als Heilpflanze, sondern eher in der mediterranen Küche verwendet, er hat aber durchaus gesundheitliche Auswirkungen. Er hat zum Beispiel eine anregende Wirkung und wird zur Behandlung eines niedrigen Blutdruckes eingesetzt.

In der Regel verwendet man die Blätter des Rosmarins, aber auch die Blüten enthalten viele wirkungsvolle Inhaltsstoffe und können daher benutzt werden.

Rosmarin eignet sich aber nicht nur als Kreislaufmittel, auch nervöse Herzbeschwerden und Herzrhythmusstörungen sind gut mit Rosmarin behandelbar.

Außerdem stärkt er dein Verdauungssystem und verhindert Blähungen.

Auch zur Stärkung des Nervensystems ist Rosmarin geeignet.

So lindert er zum Beispiel Kopfschmerzen und Migräne.

Rosmarin hat einen positiven Einfluss auf den weiblichen Zyklus und mindert Beschwerden in den Wechseljahren.

Salbei

Salbei entfaltet eine ausgesprochen schweißhemmende Wirkung.

Er wird gerne bei Erkältungskrankheiten eingesetzt.

Bei näherer Betrachtung hat der Salbei so umfassende Heilwirkungen, dass man ihn zu Recht als Allrounder bezeichnen kann.

Seine Spezialität ist die zusammenziehende und desinfizierende Wirkung.

Dadurch wirkt er gut bei Halsschmerzen und bei Halsentzündungen.

Er hilft aber auch gegen Husten, Kehlkopfentzündungen und sonstige Erkältungserscheinungen.

Sellerie

Sellerie ist die perfekte Antioxidantienquelle. Neben den wirksamen Vitaminen wie zum Beispiel Vitamin C und Beta-Carotin enthält der Sellerie auch eine Extra-Portion Polyphenole. Dies sind sekundäre Pflanzenstoffe, die ebenfalls eine stark antioxidative Wirkung entfalten.

Zu diesen sekundären Pflanzenstoffen zählen unter anderem Phenolsäuren, Flavonoide, Phytosterine und Furocumarine. Alles Stoffe, die nicht nur einer vorzeitigen Hautalterung, sondern auch der Infektanfälligkeit im Winter vorbeugen.

Nachweislich verringert Sellerieextrakt das Risiko entzündlicher Prozesse im Körper, und zwar sowohl im Verdauungstrakt als auch in den Blutgefäßen.

Staudensellerie schützt insbesondere den Magen und die Magenschleimhaut. Er verhindert Magengeschwüre, in dem er die Bildung von Magensäure reguliert.

Damit gehört Sellerie zu den Basen bildenden Lebensmitteln.

Stachelbeere

Die Stachelbeere ist gesund und lecker. Je reifer sie ist, desto süßer ist sie.

Allerdings enthält sie eine hohe Menge Fruchtzucker, womit sie im Ranking der zuckerreichsten Obstsorten direkt nach den Weintrauben kommt.

Durch den Verzehr von Stachelbeeren wird die Darmtätigkeit angeregt und der Cholesterinspiegel gesenkt. Sogar Haut und Haare profitieren von den gesunden Inhaltsstoffen der Stachelbeere. Besenreiser und Krampfadern werden durch die starken Früchte entgegenwirkt. Stachelbeeren können bedenkenlos auch während einer Diät gegessen werden, da sie trotz des relativ hohen Fruchtzuckergehaltes nur etwa 40 Kalorien pro 100 Gramm enthalten.

Thymian

Auch der Thymian ist uns eher als Gewürzpflanze bekannt. Er ist aber auch eine wichtige Heilpflanze gegen Husten und zur Desinfektion.

Thymian ist vielseitig einsetzbar. Es gibt daher kaum ein Einsatzgebiet, wo der Thymian nicht helfen könnte, trotzdem wird er hauptsächlich im Bereich der Atmungsorgane eingesetzt.

Er hat jedoch auch im Bereich der Verdauungsorgane, des Nervensystems und des Stoffwechsels eine heilsame Wirkung und spielt sogar bei der Wundheilung eine Rolle.

Wassermelone

Wie der Name schon verrät, enthält eine Wassermelone hauptsächlich Wasser, nämlich zu ungefähr 95 Prozent. In den Fruchtfasern stecken jedoch auch viele A- und C-Vitamine, außerdem ein beachtenswerter Anteil an Eisen sowie ein geringer Natriumgehalt, durch den zusammen mit dem

Wasser die Nieren entwässert und gereinigt werden.

Mit einem Kalorienanteil von lediglich etwa 24 Kalorien pro 100 Gramm ist sie äußerst figurfreundlich. Selbst die Kerne dieser Melone enthalten Vitamine, Mineralstoffe, Fett und Eiweiß.

Sie wirkt, insbesondere im Sommer, sehr erfrischend und wird daher häufig in wärmeren Ländern verzehrt. Aber auch hierzulande hilft sie, den Wasserhaushalt im Körper zu regulieren.

Weintrauben

Weintrauben sind nahezu fettfrei und gelten trotz des relativ hohen Fruchtzuckergehaltes beileibe nicht mehr als Dickmacher. Denn anders als bei Haushaltszucker wirkt sich Fructose nicht auf den Insulinspiegel aus, wodurch der Blutzuckerspiegel so gut wie gar nicht ansteigt.

Weintrauben enthalten darüber hinaus sowohl in der Schale, als auch in den Kernen jede Menge Ballaststoffe, wodurch schnell ein Sättigungsgefühl eintritt, das Immunsystem gestärkt und der Körper sanft entschlackt wird.

Durch einen nicht zu unterschätzenden Kalium-Gehalt wird überschüssiges Wasser aus dem Körper geschwemmt und damit die Nieren gestärkt.

Weintrauben enthalten im Vergleich zu anderen Obstsorten zwar relativ wenig Vitamin C und E enthalten, trumpfen aber mit ihren B-Vitaminen und wertvollen sekundären

Pflanzeninhaltsstoffen kräftig auf.

Mit den enthaltenen Antioxidantien beugen sie zahlreichen Herz-Kreislauf-Erkrankungen und einer vorzeitigen Hautalterung vor

Ein Drittel dieser Antioxidantien steckt in den Kernen. Daher gelten kernlose Trauben als weniger gesund.

Zimt

Zimt ist ein unterschätztes, aber äußerst effektives Naturheilmittel. Es kann die Blutzuckerwerte und den Cholesterinspiegel senken, kurbelt aber gleichzeitig durch die wärmende Wirkung gehörig den Stoffwechsel an. Zimt enthält viele sekundäre Pflanzenstoffe und wirkt sogar als Präventionsmittel gegen Krebs. Damit ist Zimt ein geeignetes Nahrungsergänzungsmittel gegen vielerlei Beschwerden.

Die herausragendste Wirkung ist die, dass der Blutdruck gesenkt beziehungsweise reguliert wird.

Zitrone

Die Zitrone gehört zur Gruppe der Zitrusfrüchte. Damit besitzt sie alle gesundheitlichen Wirkungen, die allgemein dieser Lebensmittelgruppe zugeschrieben werden.

Sie kann in vielen Bereichen eingesetzt werden: Als Haut- und Haarpflege, gegen Verdauungsschwäche und Hustenreiz oder gegen Schmutz und Flecken aller Art wird sie eingesetzt.

Mit ihrer fruchtigen Säure verleiht sie vielen Gerichten und Getränken eine angenehme Frische. Sie ist reich an Vitamin C und Antioxidantien und entfaltet damit eine antibakterielle Wirkung, fördert die Ausscheidung von Giftstoffen und stärkt das Immunsystem. Ihre Schale hat ebenfalls wertvolle Inhaltsstoffe. Daher sollten möglichst unbehandelte Früchte verwendet werden. Ihre basische Eigenschaft der Zitrone schützt den Körper vor Bakterien und Viren und gleicht eine Übersäuerung aus. Außerdem enthält sie Enzyme, die die Verdauung regulieren.

Fazit

Fruit Infused Water ist eine wunderbare Möglichkeit, dem an sich schon gesunden Wasser eine zusätzliche Wirkung zu erteilen. Es hilft zudem vielen Menschen, ihre Flüssigkeitsaufnahme zu erhöhen und daran auch noch Spaß und Geschmack zu haben. Es bewirkt zudem einen besseren Energiehaushalt, sauberere Haut und kleinere Beschwerden können gelindert werden. Dabei solltest du spielerisch und mit Spaß an dein neues Projekt herangehen. Du kannst zahlreiche neue Kombinationen erfinden und zusammenmischen, was dir gefällt, beziehungsweise schmeckt. Verwende im Idealfall frische Zutaten der Saison, die du problemlos auf dem Wochenmarkt deiner Stadt erhältst. Mache das Beste aus deinem Infused Water, indem du ausschließlich frische und gesunde Zutaten verwendest und zum Beispiel keinen Zucker zufügst.

Infused Water ist eine ganz tolle Sache und auf denkbar einfache Weise bietet sich dir die Chance, Wasser um spannende Geschmacksrichtungen anzureichern. Wer sich für diesen Weg entscheidet, profitiert gleich vier Mal:

- Natürliche Inhaltsstoffe: Bemerkenswert ist der Verzicht auf künstliche Geschmacksstoffe, es gelangen nur natürliche Lebensmittel zum Einsatz.
- Kalorienarm: Das Wasser wird kaum um Kalorien angereichert, d.h. es ist weiterhin zum Abnehmen geeignet.

- Große Geschmacksvielfalt: Tag für Tag lassen sich neue Lebensmittel verwenden, es gibt viele Geschmacksrichtungen zu entdecken. Gerne darf mit saisonalem Obst und Gemüse sowie Kräutern gearbeitet werden.
- Günstig: Infused Water ist preiswert und verspricht eine große Ersparnis gegenüber dem Kauf anderer Getränke.

Schlusswort

Vergiss für einen Moment oder noch besser für immer Cola, O-Saft und Co: Es geht wesentlich gesünder und preiswerter!

Du hast nun viel über Infused Water erfahren, kennst die Inhaltsstoffe und Wirkungen der einzelnen Zutaten.

Und doch sind die von mir vorgestellten Möglichkeiten tatsächlich nur Vorschläge, die noch längst nicht abschließend sind.

Deiner Fantasie werden hier überhaupt keine Grenzen gesetzt und du wirst nach einiger Zeit sicherlich ausprobieren wollen, aus welchen Obst-, Gemüse- oder Kräutersorten du ein wohlschmeckendes und gesundes Getränk herstellen kannst.

Mach es einfach: Probiere aus, was geht und schmeckt und kreiere dein Lieblings-Getränk.

Für den Anfang kannst du dich gerne an meinen Vorschlägen orientieren, aber du wirst selbst sehen, dass nach kurzer Zeit die Experimentierfreudigkeit steigt.

Infused Water ist eine fruchtig leichte Erfrischung, die nicht nur gut aussieht und sofort gute Laune macht, es schmeckt dabei noch lecker und tut deiner Gesundheit gut.

33512893R00047

Printed in Poland
by Amazon Fulfillment
Poland Sp. z o.o., Wrocław